AF194238

Michael Mitrović
Michael Schuster

Meteora zwischen Himmel und Erde

Bibliografische Information der Deutschen Nationalbibliothek:
Die Deutsche Nationalbibliothek verzeichnet diese Publikation
in der Deutschen Nationalbibliografie; detaillierte bibliografische
Daten sind im Internet über dnb.dnb.de abrufbar.

© 2018
Michael Mitrović
Michael Schuster

Herstellung und Verlag:
BoD – Books on Demand, Norderstedt
ISBN: 978-3-7528-0465-2

Es ist viele Jahre her, dass ich einst, wie die meisten Touristen, für zwei Tage die Region der Meteoraklöster besichtigen wollte, d. h. eine Übernachtung - macht zwei Tage!

Und wie alle, die zum ersten Mal dieses einzigartige Naturschauspiel, gepaart mit dem gelebten Glauben der orthodoxen Kirche erlebten, war ich fasziniert, sprachlos, begeistert.

Ich bin ausschließlich auf Asphaltstraßen zu so vielen Klöstern gewandert, wie in der kurzen Zeit möglich war (ich meine, es waren fünf). Beim Abstieg am zweiten Tag stieß ich gegen Abend auf ein Schild mit der Aufschrift „Μονή Βαρλααμ" und mich ergriff eine tiefe Sehnsucht, den einsamen Fußpfad zu begehen.

Leider blieb keine Zeit dazu!

Meine innere Sehnsucht wuchs zehn Jahre lang an. Dann brach ich zum zweiten Mal auf, die Welt der Meteoralandschaft zu erkunden, dieses Mal für fünf Tage.

Seitdem verbringe ich jedes Jahr mehrmals viele Tage dort.

Die Landschaft, die Klöster, die Menschen haben mich zu sich gerufen...

M. M.

Kalabaka

Mikrokosmos am Fuße der Meteorafelsen,
jung an Jahren,
verglichen mit dem Alter der Felsen,
gleichwohl schon den Römern bekannt,
dem Geographen Strabon
als Aiginion,
später hieß es Stagoi,
schließlich von den Türken Kalabaka genannt.
In der Oberstadt überragt
von der byzantinischen Kirche
Mariä Himmelfahrt.
In der Unterstadt herrscht geschäftiges Treiben,
allzeit ehrfürchtig beschützt
vom Kloster Agios Stefanos.

Fußpfade

Wie kann man sich der
klösterlichen Abgeschiedenheit
der Meteora nähern?
Auf keinen Fall mit dem Autobus
über die asphaltierte Straße
in zehn Minuten nach oben.
Man muss demütig Schritt vor Schritt setzen,
von Kalabaka aus, oder von Kastraki.
Mit jedem Schritt bergan wird man stiller,
andächtiger, staunend und ahnend...
Auf einsamen Bergpfaden lässt man
Stück für Stück
die Welt zurück...
Man taucht ein
in die Nester Gottes
zwischen Himmel und Erde...

Kastraki

Gegründet von Menschen,
die auf der Flucht vor den Türken waren,
hat sich Kastraki zum Durchgangsort
zu den Meteoraklöstern entwickelt.
Die Häuschen der Oberstadt
scheinen sich sehnsüchtig
am Felsen anzuschmiegen,
als wolle man seinen Anteil
am mönchischen Heil einfordern.
Zwischen Spindel und Doupiani-Kirchlein
sowie den Ruinen des Klosters vom Heiligen Geist
und denen des Heiligen Nikolaos von Bandova
empfängt der Ort seinen besonderen Segen.

Die Spindel

Auf dem Kirchplatz von Kastraki
wird der Blick magisch angezogen
hoch oben von der Spindel,
von göttlicher Hand dorthin gesetzt.
Eine Kraftlinie führt von dort oben
genau an die Stelle, wo später
Kirche und Ort gegründet wurden.
Die Magie, die von der Spindel ausgeht,
war seit uralten Zeiten vorhanden,
noch vor Kirche und Christentum.
Sie steht da wie ein Ausrufezeichen!
Ihr Anblick gibt Kraft und Sicherheit.
Der Aufstieg geht auf ausgetretenen Pfaden
vorbei an zwei alten Kirchlein.

Das Doupiani-Kirchlein

Das kleine alte Kirchlein
duckt sich scheu
am Eingang ins Tal
zu den Meteoraklöstern,
es schmiegt sich eng
an den Doupianifelsen.
Alle Mönche auf dem Weg
zu ihrer Bestimmung
kamen hier vorüber,
an der geistigen Mautstelle,
und zogen mit neuer Kraft
und innerer Aufrichtung weiter!

Ex oriente lux – aus dem Osten kommt das Licht

Morgens kurz nach Sonnenaufgang herrscht völlige Stille.
Die Felsformationen liegen da wie vor Jahrtausenden.
Und wie schon seit Hunderten von Jahren
haben sich die Mönche und Nonnen
in den Klosterkirchen
bereits vor einigen Stunden mitten in der Nacht versammelt,
um die heilige Liturgie zu zelebrieren.
Die Außenstehenden können diese Gesänge nicht hören.
Sie stehen am Fuße der Felsen
in dem kleinen Ort Kastraki und schauen hinauf.
Vier Klöster können wir von unserem Standort sehen:
Varlaam, Metamorfosis, Roussanou und Nikolaos Anapavsas.
Und den Raubvogel, der lautlos seine Schleifen um einen Felsen fliegt.
Im Inneren der heiligen Klöster ereignet sich das Wunder –
to thavma – der orthodoxen Anbetung.
Wer Ohren hat, zu hören,
und Augen, zu sehen,
erlebt das Wunder Gottes,
das Wunder unserer Existenz,
auch außerhalb der Klostermauern...

Äußere und innere Wahrheit

Es fällt schwer, auf die Frage zu antworten,
was beeindruckender ist,
die klösterliche Welt der Meteora
oder die umgebende landschaftliche Schönheit.
Es ist wohl die einzigartige Symbiose beider Merkmale,
die zum Ausdruck kommt.
Die ersten Einsiedlermönche
haben sich hier niedergelassen,
weil sie von der Abgeschiedenheit
und Schönheit der Gegend
überwältigt waren.
Und wiederum haben sie durch ihre Anwesenheit
sowie die Errichtung ihrer Klöster die Schönheit der
Landschaft veredelt!

Zwischen Himmel und Erde

Unser Blick wird magisch angezogen
von den entlegensten Stellen
auf Felsvorsprüngen, auf Plateaus, dicht an Abhängen,
scheinbar im Himmel schwebend, auf Wolken getragen –
wo wir die Klöster oder ihre Überreste und Ruinen erblicken.
Und es wird schlagartig klar:
wer solche Bauwerke im Schweiße seines Angesichts
zum Lob Gottes und Jesus Christus errichtet,
der muss tief eingetaucht sein
in das Wunder der Orthodoxie.

Ewiges Licht

Das Licht in den Felsen der Meteoraklöster
ist immer irgendwie irreal,
egal welche Wetterlage herrscht.
Wir sehen eben die Gegenstände der realen Welt
nicht nur mit unseren physischen Augen,
sondern auch mit unseren
nach innen gewandten Sinnen.
Und die Gegenstände zeigen sich uns
nicht nur in ihrem physischen Bilde,
sondern verströmen gleichzeitig
feinstoffliche Zustände.
So entsteht der Zauber von Licht und Gestalt,
von Äther und Kraft,
von Wollen und Wirken...

Die Weisheit der Natur

Die eigentliche Andacht
beim Aufstieg durch die Berge
bereitet die Natur.
Das emsige Zwitschern der Vögel,
das Rufen und Tirilieren,
der muntere Flug von Ast zu Ast,
das majestätische Gleiten
hoch oben um die Felsen herum.
Die morgendliche Stille.
Hoffentlich kreuzt kein Tourist meinen Weg.
Er würde die Heilige Einfalt stören.
Die immergrünen Büsche und Sträucher.
Plötzlich in der Ferne
der langsame Gleitflug eines Storches.
Er trägt die Weisheit von der Erde zum Himmel.
Er hat sein Nest auf der Spitze
der Kirchenkuppel gebaut –
ein sicherer Ort.

Das Kraftzentrum

Jedes Mal aufs Neue,
wenn ich mich in der Landschaft
der Meteoraklöster bewege,
fühle ich das große Erstaunen,
eine Überwältigung, eine Sprachlosigkeit –
als ob ich zum ersten Mal hier bin.
Es geht eine übermenschliche Kraft
und Energie von den Felsformationen aus,
die alles ausfüllt und beeinflusst.
Immer und immer wieder
stehe ich ergriffen
vor einzelnen Felsen oder Klüften,
aber ebenso vor dem Gesamtensemble.
Hier liegt ein Kraftzentrum der Erde verborgen.
Die Mönche haben es
vor vielen Hundert Jahren aufgespürt...

Auf dem Weg nach oben

Eine Klettergesellschaft in der Wand.
Wo wollen sie hin?
Zum Gipfel?
Woran halten sie sich fest?
Am Fels, an ihren Seilen?
Welche Leistung wollen sie vollbringen?
Möglichst schnell
die schwierigste Route bezwingen?
Ich sehe sie
wie Perlen an einer Schnur aufgereiht.
Miteinander über das Seil in Kontakt.
Vom obersten Kletterer
führt ein Seil in den Himmel
... daran ist die ganze Gesellschaft gesichert ...

Heiligenbilder

So viele Touristen eilen vorüber,
mit lauten Stimmen und
schussbereiten Kameras oder Handys!
Und kaum jemand nimmt sich die Zeit,
das Heiligenbild zu betrachten.
Die gedämpften und doch durchdringenden Farben.
Der demütige Gesichtsausdruck der Gottesmutter.
Das unschuldig dreinblickende Jesuskind.
Auch wer nicht orthodoxen Glaubens ist,
kann leicht erahnen, wie tief der Künstler
in der Tradition wurzelt,
der dieses Bild schuf!

Liturgie

Liturgie in der uralten byzantinischen Kirche.
Die Wände voller heiliger Ikonen.
Fast nur ältere Menschen sind anwesend,
einige wenige mittelalte Frauen,
eine sogar mit ihrer kleinen Tochter.
Die meisten haben eine Kerze in der Hand,
die sie angezündet haben.
Wenn sie eintreten,
küssen sie eine oder mehrere
besonders wertvolle Ikonen.
Die meiste Zeit während der Liturgie stehen sie.
Natürlich entsteht die Heiligkeit
nicht nur durch die Anwesenheit der Leute.
Es ist der Ort, die Osterzeit,
und die die Liturgie zelebrierenden Popen,
die an das Wunder erinnern.
Ich nehme nach vierzig Minuten
meine Portion Andacht mit hinaus.
Kurz darauf sitze ich
neunzig Minuten unter einem Felsüberhang,
um mich vor dem starken Regen zu schützen.
Das ist dann die Fortsetzung
der Liturgie ...

Wiedersehen mit Varlaam

Der Aufstieg zum Kloster Varlaam.
Endlich kann ich der inneren Stimme folgen.
Vor vielen Jahren habe ich ein unscheinbares Holzschild
mit dem Namen dieses Klosters entdeckt.
Der Weg schien gar zu verlockend,
ja, aus einer inneren Suche heraus
geradezu notwendig.
Aber ich hatte keine Zeit,
die Abreise stand unmittelbar bevor.
Viele Jahre vergingen.
Jetzt ist es soweit.
Es sind demütige, nachdenkliche Schritte,
die ich langsam setze.
Auf diesem schmalen Pfad sind wahrscheinlich
Tausende Mönche vor mir hinaufgepilgert,
(deren Schädel heute im Gebeinhaus fein säuberlich aufgereiht liegen)
in der Zeit, als es noch keine Autos gab.
Auch Freiheitskämpfer haben diesen Weg genommen,
im Kampf gegen die Türken,
später gegen die deutschen Besatzer...
Jetzt gehört der Pfad ganz allein mir,
mir und meinen Gedanken und Empfindungen...

Varlaam

Auf dem alten Fußweg von Kastraki
über den Marktplatz,
durch die Weinfelder,
vorbei am Kirchlein des Heiligen Georg,
an der Drachenhöhle vorüber,
durch den Klostergarten,
im Netz sitzend, Gott und
den Mönchsbrüdern vertrauend,
durch Menschenkraft an der Winde hochgezogen,
später dann, beim Gebet
vor der reichen Ikonenwand,
vom Weihrauch betäubt,
Gelobt sei der Herr – Kyrie Eleison!

Das Mönchsgefängnis

Hinter Holzgittern bei Wasser und Brot,
angeregt zu Demut und Buße,
in immerwährender Zwiesprache mit Gott,
um Vergebung der Sünden bittend,
Wind und Wetter ausgesetzt,
mit dem Blick auf die Drachenhöhle...
Aus welchen Gründen schmachten die Mönche dort?
Wir wissen es nicht!
Es sind menschliche Gründe...

Die Drachenhöhle

Einst in grauer Vorzeit,
als es noch Drachen gab
und keine Kirchen und Mönche,
keine Straßen und Häuser,
hauste ein solches Ungetier
in den Meteorabergen
und wachte darüber,
dass keine schlechten Energien
die Gegend unbewohnbar machen.
Als die Mönche kamen und
ihre Klöster bauten,
sah der Drache,
dass alles seine Ordnung hatte.
Also zog er weiter in andere Gegenden,
wo er dringender gebraucht wurde.
Seine Höhle ist noch heute zu besichtigen.

Metamorfosis

Das größte Kloster von allen,
auf der höchsten Erhebung thronend,
sein Name bedeutet: Verwandlung.
Der Ausblick geht vom Tal des Pinios
zum nahen Pindosgebirge,
auf der anderen Seite
zwischen den Felsen hindurch,
über Kalabaka hinweg
in unendliche Ebenen.
Vor noch gar nicht langer Zeit,
als es noch keine Straßen gab,
keine Autobusse,
die Touristenströme heranführten,
waren auch hier – wie überall
Leitern und Netze
die einzigen Mittel
ins Kloster zu gelangen.

Agia Triada

Nichts ist vom weltlichen Treiben
zu hören oder zu sehen,
hoch oben auf den Felsen des Klosters
der Heiligen Dreifaltigkeit.
Nicht das Lärmen der Musikanten und
der Zecher in den Tavernen...
Nicht das muntere Treiben auf dem Wochenmarkt...
Nicht der Jubel der siegreichen Fußballmannschaft...
Nicht das Klagen um die Toten auf dem Friedhof...
Auch nicht das Hupen der Autos...
Zu hören ist
das unendliche Tropfen der Zeit,
göttliches Grundrauschen am Rande der Welt,
sphärisches Geläut vom Himmel hoch,
säuselnder Gesang
zu nächtlicher Stunde...

Adlerfelsen über der Stadt

Auf schmalem Adlerfelsen,
gleich dem Finger Gottes,
vielleicht von allen Klöstern
dem Himmel am nächsten?
Und doch auch
von allen
Kalabaka am tiefsten zugetan,
geht doch der Blick
vom Klosterfelsen
weit in die Ebene,
auf die gegenüberliegende Gebirgskette.
Die Stadt liegt ihm
zu Füßen.
Wenn man oben am Kreuz
steht und lauscht,
hört man deutlich die Alltagsgeräusche,
so nah – und doch so fern...

Wolken

Wolken umhangene Klöster,
ein diesiger Tag.
Den Ablauf der Welt
stören die Wolken nicht.
Gebete, Liturgien
finden nach einem festen Muster statt,
die Welt draußen interessiert dabei nicht.
„Herr, erbarme dich Unser!"
singen oder beten
die Mönche und Nonnen
im Inneren der Klöster.
Dafür haben die meisten Besucher
kein Ohr.

Roussanou

Beherrscherin des Tales nach Kastraki,
ebenso wie des Zugangs zum Metamorfosis,
ein Wunder zwischen Himmel und Erde,
ein Fels, umgeben von Felsen.
Hinauf blickt man zum Varlaam,
abwärts zum Kloster Nikolaos Anapavsas.
Hier oben fühlt sich die Seele
schwerelos.
Dem Besucher fällt es schwer
in seinen Alltag zurückzukehren.

Agios Nikolaos

Es ist das erste Kloster,
welches der Wanderer,
aus Kastraki kommend,
erblickt.
Kühn auf kleinem Felsen thronend,
uneinnehmbar.
Im Inneren wertvolle Wandmalereien,
kündend vom tiefen Glauben
unserer Vorväter.
Außen, am höchsten Punkt
unter dem Glockenturm sitzen,
ein wunderschöner Platz,
man meint auf einer kleinen Wolke
zu schweben.

Agios Stefanos

Einst, als ich von einer Wanderung
aus dem Koziakas-Gebirge kam
und die Meteorafelsen von weitem sah,
wurde mein Blick vom Kloster Ag. Stefanos
magisch angezogen.
Und obwohl ich bereits müde war,
nach vielstündigem Wandern,
fühlte ich ein dringendes Bedürfnis,
sofort weiter
zu eben diesem Kloster
zu pilgern.
Erst als ich oben angelangt war,
wurde ich wieder ruhig.
Seine Wirkung entfaltet Ag. Stefanos weniger,
wenn man aus Kalabaka
zu ihm hochschaut,
sondern aus einiger Entfernung.
Dann aber entsteht ein mächtiger Sog!

Alltag

Die Einheimischen merken es nicht mehr.
Wenn man jeden Tag köstliche
Speisen vorgesetzt bekommt,
verliert man leicht den Geschmack daran.
Für uns aber, die wir uns nur eine begrenzte Zeit
im Ort bewegen,
schauen die Klöster immer auf uns herab,
lautlos zwar, unsichtbar von hier unten
(bis auf eines!),
aber dennoch präsent.
Es ist, als verleihen
die heiligen Meteoraklöster
den zu ihren Füßen liegenden
menschlichen Ansiedlungen
einen besonderen Glanz, eine Aura.
Man muss sich lediglich
auf diese feinen Schwingungen einlassen,
um ein Teil des Ganzen zu werden.

Die Orgelpfeifen

Nur wenige Schritte bergan
jenseits der Klöster Metamorfosis und Varlaam
verstummt das oft wüste Touristengeschrei.
Die plötzlich eingetretene Ruhe und
die weite Sicht über den Pinios
hin zum Pindosgebirge
rauben dem Wanderer den Atem.
In der Ferne blöken leise die Schafe.
Wenn man ganz leise ist,
kann man vielleicht sphärische Töne hören,
entstammend aus den Orgelpfeifen,
angestimmt in uralten Zeiten.
Wer vermag heute das Instrument zu spielen?
Wo wir doch göttlicher Klänge bedürfen
mehr denn je ?

Das versteckte Kloster Ipapantis

Beim Abstieg jenseits des großen Klosters
vorbei an den Orgelpfeifen
erblickt man erst ganz zuletzt
das in den Fels gehauene,
versteckte Kloster Ipapantis.
Zu allen Zeiten hat es die Mönche gedrängt,
in Höhlen und Felsen zu hausen,
fernab von Zeit und Welt.
Das Material mag unwirtlich sein,
gewiss,
aber es ist gemacht
für die Ewigkeit.

Die Figur des Freiheitskämpfers

Oberhalb des versteckten Klosters Ipapantis,
auf einem ins Tal reichenden Plateau
wacht auf seinem Sockel
das Standbild des Freiheitskämpfers
von Vlachava.
Dem mehrfach leidgeprüften Volk
erneut auch in unseren Tagen
Mut zu machen,
Hoffnung einzuflößen.
Ein Bollwerk gegen Osmanen und Hunnen,
ein Kämpfer im Rock Gottes.

Ruinen

Was der Besucher heute noch
von den Klöstern sieht,
ist nur ein Bruchteil dessen,
was unsere Vorväter erbaut hatten.
Viele Klosterruinen, Grundmauern,
Turmstümpfe, überwachsene Strukturen
künden davon.
Schau nur, an welch steilen Stellen sie
kühn und furchtlos hinaufstiegen
und ihr Werk vollendeten.
Auch wenn die stets waltende Vergänglichkeit,
die Zeitläufte, Wind und Wetter
fast alles wieder vernichteten,
wie menschlich,
so bleibt uns Nachgeborenen dennoch
ein Abglanz der Ewigkeit.

Der Fluss

Bei Kalabaka tritt der Pinios
in die Ebene hinaus,
unscheinbar,
seicht im Sommer,
aber mächtig und reißend
im Frühjahr zur Schneeschmelze.
Viele kleine Bäche tragen ihm
aus den umliegenden Bergen
ihr Wasser zu,
oft bestanden mit uralten Bäumen,
überspannt von kühn geschwungenen Brücken,
von türkischen Meistern erbaut.
Starke Quellen, Wasserfälle
finden sich überall
in dem gesegneten Land.

Uralte Bäume

Uralte Bäume am Bachlauf,
sie trotzen der Zeit.
Was haben sie alles erlebt?
Wer alles ist an ihnen vorüber gegangen?
In guter und in böser Absicht.
Wegmarke und Schutz vor Unwetter,
Schattenspender und Obdach für Tiere.
Schon unsere Väter und Vorväter haben sie gekannt,
noch unsere Kindeskinder
mögen sich an ihnen erfreuen!

Die Ikone

Maria mit dem Christuskind,
der Inbegriff der
mütterlichen Güte und Fürsorge,
sie hält in ihren Armen
den zukünftigen Heilsbringer,
immer aufs Neue ein Versprechen
auf den Frieden in der Welt.
Hoffnung, Glaube, Gewissheit.
Die Heilige Ikone
lädt ein
zu Vertiefung und Meditation.
In den orthodoxen Kirchen
ist sie Gegenstand
größter Verehrung

Dem Himmel entgegen

Die Wege des Herrn sind unvorsehbar,
die Wege der Menschen oft beschwerlich.
Der Glaube kann Berge versetzen,
so sagt man,
es geht immer auf und ab im Leben.
Es ist schon gut,
wenn der Blick aufwärts gerichtet ist
und uns
felsenfestes Vertrauen führt.

Weiterführende Informationen zu Meteora finden Sie auch
unter folgendem Link:

http://www.salinos.de/links/meteora.php